Jennifer Moore-Mallinos - Julia Seal

Tipos de Personalidad

Cont

enido

Ser proactivo

Ser proactivo significa planificar las cosas con antelación. Como voy a clases de natación los sábados por la mañana, preparo mi bolso con el traje de baño, la toalla y los lentes de buceo el viernes por la noche antes de irme a dormir. Y para asegurarme de que no se me olvida, la pongo al lado de la puerta para agarrarla justo antes de salir de casa por la mañana. **Preparar y organizar las cosas por adelantado me ayuda a asegurarme de que no se me olvida nada.** Si se me olvidara el traje de baño, no podría meterme en la piscina, y eso no sería divertido porque ¡me encanta nadar!

¿Y tú? ¿Cuándo eres proactivo?

Ser tosco

A mi hermano y a mí nos encanta hacernos cosquillas, menos cuando mi hermano se pone un poco tosco y termina haciéndome daño. Sé que mi hermano es un chico duro y que no quiere jugar con tanta fuerza, sino que simplemente se le olvida que es más fuerte que yo. **Jugar a las cosquillas puede ser divertido, pero hay que procurar no ser tosco porque, si uno hace daño al otro, se acaba la diversión.**

¿Y tú? ¿Cuándo eres tosco?

Ponerse nervioso

¿Alguna vez has tenido que hacer algo que te haya puesto un poco nervioso? Una de las situaciones que más nervios me provoca es cuando tengo que hablar delante de toda la clase. Me pongo muy nerviosa y no puedo parar de moverme. **Para intentar calmarme, mantengo las manos ocupadas apretando una pelota antiestrés que llevo escondida en el bolsillo. Y en cuanto me relajo, ya puedo hacer lo que sea.**

¿Y a ti? ¿Qué te pone nervioso?

Jugar limpio

Todos los fines de semana organizamos en casa una tarde de juegos. Unas veces jugamos a juegos de mesa, otras a las cartas o incluso al tenis de mesa o al voleibol. ¡Lo pasamos muy bien! Las únicas reglas son jugar limpio y pasarlo bien. **Eso significa que, aunque quieras ganar, hay que respetar los turnos, no está permitido mirar las cartas de los demás y hay que ser sincero.**

¡No vale hacer trampa!

Tener autocontrol

¿Alguna vez has querido algo con todas tus fuerzas pero has tenido que esperar para conseguirlo? ¡Yo también! El otro día, mi madre había preparado una tarta de chocolate para el cumpleaños de mi hermana. ¡Se veía muy rica! Estuve a punto de meter el dedo en el glaseado, pero sabía que si lo hacía, lo iba a estropear. **Así que, para quitármelo de la cabeza y resistir las ganas de probarlo, salí a jugar en el columpio. Me sentí muy satisfecha conmigo misma por haber podido controlarme.**

¿Recuerdas alguna ocasión en la que hayas tenido autocontrol?

Ser comprensivo

Mi hermano pequeño siempre quiere venir a jugar a mi habitación cuando estoy haciendo los deberes. Sé que solo quiere pasar un rato conmigo, así que en lugar de enfadarme con él, se me ha ocurrido una idea. Ahora, cuando estoy sentado en mi escritorio, en lugar de gritarle para que salga de mi habitación, le demuestro mi amor de hermano.

Le doy un trozo de papel y un lápiz para que pueda
sentarse a mi lado en silencio y simular que él también
hace sus deberes. ¡Lo conseguí! **Porque cuando
yo era pequeño, mi hermano mayor era igual de
comprensivo conmigo.**

¿Recuerdas alguna ocasión en la
que fueras comprensivo?

Ser desprendido

Mi amiga Carla es la persona más desinteresada que conozco. Es generosa y amable y siempre está haciendo cosas por los demás sin esperar nada a cambio. Una vez, Carla plantó un huerto y se pasó todo el verano regándolo y quitando las malas hierbas.

Cuando las verduras estuvieron
listas para recoger, llenó con
ellas una cesta y la dejó en la
puerta de su vecina, que era
muy anciana. **Carla se preocupó
por su huerto y se aseguró
de que su vecina tuviera
verduras frescas.**

¿Conoces a alguien que sea
tan desprendido como Carla?

Ser egoísta

¿Alguna vez has estado con alguien que solo se preocupe por sí mismo? El otro día, en el colegio, estábamos pintando un mural para nuestra clase y uno de los chicos se adueñó de toda la pintura. No le importaba que fuera el turno de otro niño. ¡Se estaba portando mal! **Nunca es agradable estar con gente egoísta.**

¿Y tú? ¿Has sido egoísta alguna vez?

19

Tener energía

La ardilla estaba tan contenta de ver que papá había llenado el comedero para pájaros que subía y bajaba del árbol rápidamente, buscando la forma de llegar a él. Cuando por fin averiguó cómo hacerlo, saltó en el aire y con un movimiento de la cola, aterrizó justo en medio del comedero. Pero papá no se puso tan contento como la ardilla y estaba deseando encontrar el modo de ganarle la siguiente vez.

¿Y a ti? ¿Qué te transmite energía?

Ser testarudo

Mi nuevo cachorro, Titi, es muy testarudo.
Cuando intento sacarlo de paseo, no quiere
caminar. En cuanto le pongo la correa, se sienta
y se niega a moverse. **Por mucho que intente
convencerlo de todas las formas posibles
para que se levante, no hay manera. Está tan
decidido a no ceder que ni siquiera lo consigo
con su comida favorita.** ¡Titi prefiere que lo
lleven en brazos a tener que caminar!

¿Alguna vez has sido testarudo?

Ser atrevido

El otro día vi cómo un pajarito dejaba el nido por
primera vez. Era muy valiente, porque miraba sin
parar por encima del borde del nido, listo para dar
el paso.

Mientras su madre no paraba de piar para animarlo a que lo intentara, **de pronto se quedó quieto y saltó con decisión.** Voló sin miedo hasta el suelo y aterrizó sin problemas.

¡Fue muy valiente!

Ser hablador

A mi mejor amigo, Edu, le encanta hablar. Parece que siempre tiene algo que decir, da igual donde estemos, incluso en el colegio. Me gusta escuchar las historias de Edu, pero cuando me habla mientras se supone que deberíamos estar prestando atención, siempre acabamos metiéndonos en problemas. **Es genial compartir tus pensamientos e ideas, pero hay momentos y lugares en los que es mejor quedarse callado.**

¿Se te ocurre algún sitio en el que esté bien ser hablador?

Ser sumiso

Hoy es el primer día de Bingo en la escuela de cachorros. Aquí es donde va a aprender a llevarse bien con otros perros. Cuando llegamos a su primera clase y vio al resto de perros, se encogió en el suelo, tímido y sumiso. Bingo se mostró tan sumiso que, cuando uno de los otros perros se acercó a jugar y lo tiró al suelo, **Bingo agachó la cabeza y no se movió. Ni siquiera intentó levantarse solo.**

A veces es importante ceder ante los demás

Tener ambición

¿Tienes grandes sueños sobre lo que quieres ser de mayor? Cuando crezca, estoy decidido a ir a la luna algún día. **Solo pensar en montarme en una nave espacial me motiva para trabajar mucho y conseguir hacer realidad mi sueño.** ¡Sé que puedo ser ambicioso y llegar a las estrellas!

¿Y tú? ¿Qué es lo que deseas?

Ser ingenioso

¿Alguna vez te has encontrado con un problema que hayas tenido que resolver? La semana pasada, justo antes de que empezaran las pruebas para el equipo de fútbol, se me rompió un cordón de mis zapatos. Al principio me preocupé mucho y no sabía qué hacer. **Lo que estaba claro era que se me tenía que ocurrir algo para arreglarlo rápido.** Primero pensé en utilizar cinta adhesiva, pero en el campo no había. Luego tuve una idea: hice un nudo con los extremos que se habían roto y funcionó. A veces tenemos que ser ingeniosos para resolver los problemas.

¿Recuerdas alguna ocasión en la que hayas tenido que utilizar tu ingenio?

Usar la lógica

¿Alguna vez has tenido que resolver un problema y la única forma de hacerlo ha sido parar un momento y pensar las cosas detenidamente? El otro día iba a comerme una galleta y la caja estaba vacía. Tenía que descubrir quién había tomado la última galleta de la caja. El primer paso fue averiguar quién estaba en casa cuando desapareció la galleta. Después, tuve que buscar pistas. Y entonces me di cuenta de que mi hermana tenía migas de galleta a su alrededor. Usar la lógica y el razonamiento me ayudó a resolver el misterio.

¿Has resuelto un misterio alguna vez?

Estar pendiente

Estar pendiente significa estar alerta, como el socorrista aquella vez que necesité ayuda en la piscina. Por suerte, él estaba vigilando la piscina cuando salté al agua y me di cuenta de que era más profunda de lo que pensaba. Cuando vio que no podía nadar, vino a rescatarme.

¿Recuerdas alguna ocasión en la que hayas estado pendiente?

Ser ordenado

Desde que era pequeña me ha gustado tener mis cosas organizadas y en su sitio. Tengo un sistema. Antes de acostarme pongo todos mis juguetes y mis libros en la estantería. Me aseguro de que mis zapatos están donde tienen que estar y mi ropa sucia, en la cesta. **Tener mi habitación limpia y ordenada hace que me sienta bien.**

¿Qué cosas te gusta tener ordenadas?

Tener liderazgo

Me encantó que me nombraran capitán de nuestro equipo de hockey. Es un puesto muy importante. No solo tengo que ser un buen ejemplo para mis compañeros, sino que tengo que motivarlos para trabajar en equipo porque todos queremos lo

mismo: ganar. **Mi táctica es asegurarme de que todo el equipo lo haga lo mejor posible en cada partido.** Ser el líder es una gran responsabilidad.

¿Alguna vez has tenido que dar un paso al frente y asumir una responsabilidad?

Ser ocurrente

¿Sabías que hay algunas personas, como yo, que tenemos la habilidad de decir cosas inteligentes y divertidas a la vez? El otro día estábamos practicando ortografía y cometí unos cuantos errores. En vez de ponerme nerviosa, se me ocurrió un comentario divertido. «¡Si a todo el mundo se le diera bien la ortografía, no se hubiera inventado el corrector ortográfico!».

¿Alguna vez has hecho tú algún comentario ocurrente?

Ser colaborador

¿Alguna vez has tenido que hacer un trabajo en equipo? Este año, en el colegio, mi profesor dividió la clase en grupos de cinco personas. El objetivo era hacer la maqueta de un volcán que entrara en erupción. **Trabajar en grupo significa que tienes que llevarte bien con tus compañeros, aprender a trabajar con ellos y respetar sus ideas.** ¿Y sabes qué? Conseguimos que nuestro volcán expulsara lava y nos pusieron una buena calificación.

¿Cuándo has tenido
que ser colaborador?

Ser útil

¿Sabías que los animales pueden ser muy útiles? **Mi mejor amigo, Rocky, es mi perro lazarillo. Sin Rocky tendría problemas para desplazarme de forma segura.** Rocky siempre está ahí, preparado para llevarme a donde tenga que ir. Es tan servicial que todas las mañanas me trae las zapatillas antes de levantarme de la cama.

¿Y a ti? ¿Quién te ayuda?

Ser generoso

Todos los veranos, antes de que empiece el año escolar, mi madre y yo comprobamos si todas mis prendas de ropa todavía me quedan bien o no. **Ponemos en una caja todas las prendas que se me han quedado pequeñas y se las damos a los niños que las necesitan.** Los juguetes que ya no utilizo van también a esa caja.

¿De qué forma has sido tú generoso con los demás?

Tener curiosidad

¿Alguna vez te has preguntado algo sobre lo que no tienes ni idea? Yo siempre me he preguntado cómo será estar en el espacio. ¡Imagínate caminar por la Luna! Una de las formas en las que he intentado saciar mi curiosidad ha sido aprender todo lo que he podido sobre el espacio. He hecho un montón de preguntas y he leído muchos libros. Lo mejor fue cuando visité el museo del espacio.

¿Y tú? ¿Qué tienes curiosidad por saber?

Ser flexible

Al principio del curso me puse muy contento porque Pilar iba a ser mi profesora. Pero cuando pasaron unas cuantas semanas tuvo que darse de baja para tener a su bebé. **En ese momento, aprendí que tenía que ser flexible con mi nueva profesora y su forma de hacer las cosas.** ¿Y sabes qué? Me alegro de haber dado una oportunidad a Carmen, ¡porque es maravillosa!

A veces hay que dejarse llevar por la corriente.

54

Ser minucioso

Me encanta hacer dibujos coloreando las zonas numeradas. Cuando empiezo uno, no paro hasta que lo termino y me da igual lo que tarde en hacerlo. Me tomo todo el tiempo que necesite y me aseguro de no salirme de las líneas ni equivocarme con los colores. **Prestar atención a todo lo que tiene que ver con el dibujo es importante cuando quieres ser minucioso.**

¿Alguna vez has tenido que ser minucioso?

Ser travieso

Mi perro está todo el tiempo haciendo cosas que no debe, como jugar con el papel higiénico y hacer agujeros en los calcetines. Él no quiere portarse mal, lo único que quiere es jugar. Algunas veces le apetece meterse conmigo y muerde mi osito de peluche y corre por toda la casa para que yo lo persiga. Supongo que por eso le decimos que es un travieso.

¿Alguna vez has sido travieso?

Mostrar cariño

La semana pasada me encantó que mi madre se tomara el día libre en el trabajo para venir con mi clase de excursión al parque zoológico. A mis compañeros les gustó mucho que mi madre repartiera caramelos mientras mirábamos a los animales. Al día siguiente, para demostrarle nuestro cariño, le hicimos unas tarjetas de agradecimiento. Disfruté muchísimo con mi madre.

¿Qué has hecho tú para demostrar a otra persona lo mucho que la aprecias?

59

Ser astuto

Fede el zorro es un pillo. Siempre se esconde y espera su ocasión para atacar. La otra noche, cuando mi padre estaba sacando la basura, Fede se acercó sigilosamente al cubo y lo volcó. Mientras Fede comía las sobras de nuestra cena, ya estaba tramando su siguiente plan.
No te puedes fiar de Fede.

¿Alguna vez has sido astuto?

Ser delicado

La primera vez que tomé en brazos a mi hermanita tuve mucho cuidado de no apretar demasiado fuerte. **Era muy pequeña y delicada.** En ese momento, le agarré con cuidado la manita y le acaricié suavemente su carita. Fue un momento muy tierno que no olvidaré en la vida.

¿Recuerdas alguna ocasión en la que hayas tenido que ser delicado?

Ser creativo

Cuando sea mayor quiero ser inventor. Quiero usar mi imaginación y mi creatividad para construir un auto volador. Me imagino a la gente recorriendo la ciudad sin tener que pararse en los semáforos ni soportar los atascos. **Mi talento para tener ideas creativas para el futuro es un don.**

¿Tú tienes ideas creativas?

Ser convincente

¿Sabías que hay algunas personas muy convincentes que son capaces de hacerte creer en cosas que sabes que son imposibles? Cuando fuimos al circo había un mimo que parecía que estaba delante de una pared invisible que no podía atravesar. Sin decir ni una palabra, me convenció hasta el punto de preguntarme si de verdad había una pared delante de él. ¡Fue muy convincente!

¡A veces hay que inspirar a otros a creer!

Ser independiente

¿Alguna vez has querido hacer algo tú solo porque tenías confianza en ti mismo y no necesitabas ayuda? ¡Yo también! Recuerdo cuando estaba aprendiendo a atarme los cordones de los zapatos y a abrocharme el abrigo. No quería que nadie me ayudara. Sabía que podía conseguirlo. Aunque al principio no me salía, estaba convencido de que podría hacerlo solo, porque era independiente.

¿Alguna vez has sido independiente?

Ser mandón

Compartir habitación con mi hermana a veces es difícil porque **siempre me dice lo que tengo que hacer.** «Haz la cama, recoge tu ropa, apaga la luz…».

Le encanta darme órdenes.
Aunque es más pequeña
que yo, es una mandona.
¿Conoces a alguien que sea
un mandón?

¿Hay alguien que
siempre te esté diciendo
lo que tienes que hacer?

71

Sentir simpatía

Cuidar de mi pez, Burbujas, es algo que me encanta. Además de darle todos los días de comer, limpio su pecera una vez a la semana. Burbujas es muy divertido porque cuando ve que me acerco nada muy rápido porque está contento de verme. **Siento mucha simpatía y cariño por Burbujas.**

¿Y a ti? ¿Qué te provoca simpatía?

Ser eficiente

Hacer un pastel no es tan fácil como parece. **Tienes que ser organizado y planearlo todo con antelación.** Primero tienes que asegurarte de que tienes preparados todos los ingredientes, los vasos medidores, los boles y el molde. ¡Y entonces ya puedes empezar! No olvides que el secreto para hacer un pastel perfecto es seguir la receta paso a paso.

¿Y tú? ¿En qué eres eficiente?

Ser cerrado de mente

Esta semana, en gimnasia artística, hemos trabajado en parejas para preparar un ejercicio de barras asimétricas. ¡Ha sido terrible! Mi compañera no ha querido hacer caso de ninguna de mis ideas y **estaba convencida de que la única forma de hacer las cosas era como ella dijera.** Ha sido frustrante estar con alguien tan inflexible.

¿Qué podemos hacer para tener una mente más abierta?

Ser entregado

Mi abuelo es muy atento y cariñoso. Siempre cuida de mi abuela. Todas las noches, después de cenar, a mis abuelos les gusta mucho sentarse un rato en el porche. **Mi abuelo siempre le lleva una taza de té y las zapatillas a mi abuela,** y le gusta echarle por los hombros una mantita suave.

¿A quién admiras tú?

Ser decidido

¿Tienes un restaurante favorito? ¡Yo también! **Siempre que vamos a mi restaurante favorito, sé exactamente lo que quiero pedir.** Ni siquiera tengo que pensarlo. ¡Siempre pido nuggets y croquetas! Mi hermano siempre intenta que cambie de idea, pero nunca lo consigue.

¿Alguna vez te has mostrado decidido?

Ser impaciente

Hay algunas cosas que cuesta esperar a que lleguen. Solo tienes que preguntar a mi perro, Henry. Cuando es la hora de su paseo, Henry no para de andar en el sitio ladrando mientras espera a que me ponga los zapatos. Intento ser rápida, pero nunca soy lo suficientemente rápida para él.

¿Y a ti? ¿Qué te hace ser impaciente?

Ser digno de confianza

Todas las mañanas, Sara, mi profesora, nos espera en la puerta del colegio para saludarnos antes de entrar a clase. **Siempre está allí, sin faltar un solo día.** La profesora Sara se asegura de darnos los buenos días con una sonrisa para que empecemos bien la mañana.

¿Y tú? ¿En quién puedes confiar?

Tener imaginación

Lo que más me gusta es escribir historias. Me encanta poder usar mi imaginación y crear historias extraordinarias que son solo mías. **¡No hay límites!** En realidad, una vez que empiezo a escribir, la historia cobra vida en mi cabeza. ¡Puedo verla de verdad!

¿Hay algo que te inspire a ser imaginativo?

Ser respetuoso

¿Sabes que en cada sitio al que vayas hay que cumplir unas normas diferentes? Por ejemplo, en la biblioteca no se puede hacer ruido. No solo hay que estar callado para respetar las normas, sino que, además, **así mostramos consideración y respeto por la gente que está intentando leer o trabajar.**

¿En qué momento has sido respetuoso con los demás?

Ser activo

Mi gatito Muffin nunca está quieto. Es muy activo y juguetón. Siempre está brincando de un sitio a otro. Su juego favorito es intentar cazar un ratón de juguete atado al extremo de una cuerda. Cuando salta de repente por el aire y se abalanza sobre él, sé que va a conseguir atraparlo.

¿Y tú? ¿Tienes alguna mascota tan inquieta y juguetona como Muffin?